BREVIÁRIO DE
Magia Encantos e Feitiços
AO SEU ALCANCE

Paschoal de Freitas

BREVIÁRIO DE
Magia
Encantos
e Feitiços
AO SEU ALCANCE

10ª edição
2ª reimpressão

Rio de Janeiro
2008

Copyright©1984
Paschoal de Freitas

Produção editorial
Pallas Editora

Copidesque
Gisele Barreto Sampaio

Revisão
Ieda Raro Schimidt
Heloisa Brown

Diagramação
Vera Bastos

Capa
Renato Martins

Todos os direitos reservados à Pallas Editora e Distribuidora Ltda. É vetada a reprodução por qualquer meio mecânico, eletrônico, xerográfico etc., sem a permissão por escrito da editora, de parte ou totalidade do material escrito.

CIP-BRASIL. CATALOGAÇÃO-NA-FONTE.
SINDICATO NACIONAL DOS EDITORES DE LIVROS, RJ.

F937b
10ª ed.
2ª reimp.

Freitas, Paschoal de.
Breviário de magia, encanto e feitiço ao seu alcance / Paschoal de Freitas.
Rio de Janeiro: Pallas, 2008.

ISBN 978-85-347-0327-7

1. Umbanda. 2. Magia. 3. Feitiço. I. Título.

98-1103

CDD 299.67
CDU 299.6

Pallas Editora e Distribuidora Ltda.
Rua Frederico de Albuquerque, 56 – Higienópolis
CEP 21050-840 – Rio de Janeiro – RJ
Tel./fax: (021) 2270-0186
www.pallaseditora.com.br
pallas@pallaseditora.com.br

Sumário

Como utilizar este livro / 7

O que é a Umbanda / 9

Fundação de um terreiro / 11

Capítulo I
 Feitiços para conquistar mulher / 15

Capítulo II
 Mandingas infalíveis para o amor / 21

Capítulo III
 Bruxarias que afastam os indesejáveis / 29

Capítulo IV
 Rezas e mandingas contra esterilidade / 35

Capítulo V
 Feitiçarias para atrair amizades / 39

Capítulo VI
 Ganhe prestígio com simpatias e rezas / 45

Capítulo VII
 Feitiços para devolver malefícios / 49

Capítulo VIII
 Trabalho não falta a quem é feiticeiro / 53

Capítulo IX
 Feitiços e orações que curam doenças / 59

Capítulo X
    Use o sobrenatural e ganhe dinheiro / 67

Capítulo XI
    Consiga tudo o que deseja pela Umbanda / 73

Como Utilizar este Livro

Este livro se distingue dos outros do mesmo gênero pela facilidade das receitas apresentadas, que não exigem como ingredientes ervas desconhecidas ou bichos estranhos.

É importante saber que há macumbas ou feitiços que podem ser feitos pela própria pessoa, mas é necessário distingui-los daqueles que só oferecerão resultado se feitos num terreiro especializado.

Mesmo os trabalhos que podem ser feitos pela própria pessoa exigem dela uma grande força mental e alguma capacidade mediúnica.

Infelizmente, o poder mental não foi dado a todos em grande escala, mas, com paciência e perseverança, pode ser razoavelmente desenvolvido.

Se você pensar positivamente, já vai se sentir melhor, e se colocar alegria em sua vida, já terá meio caminho andado em direção ao triunfo.

A fé também é importante, pois, sem ela, mesmo usando os mais fortes feitiços ou despachos, é impossível conseguir qualquer coisa.

Se você é uma pessoa que não tem muita fé ou não sabe concentrar-se corretamente, desista de fazer seus trabalhos sozinha e procure um *terreiro* que possa ajudar-lhe.

Nunca diga, no entanto, que você não tem capacidade para ser médium ou não se sente com força suficiente para conseguir melhorar sua própria vida, porque todos nós – com um pouco de esforço e perseverança – podemos conseguir coisas maravilhosas.

Há outro ponto que deve ser esclarecido e que se refere à distinção que é preciso fazer entre as pessoas "negativas" e as "positivas". Qual é o significado exato dessas palavras? Se partirmos de exemplos concretos, a coisa fica mais fácil de ser compreendida.

Você, com certeza, deve conhecer pessoas que têm uma série de qualidades e que, ao mesmo tempo, sofrem dificuldades para conseguir as coisas, enquanto há outras com as quais ocorre exatamente o contrário.

As que têm facilidade são as *positivas*, isto é, que têm a *aura* positiva, e as outras, lógico, são as *negativas*.

Se você acha que é uma pessoa de *aura* negativa, antes de qualquer coisa deve procurar um centro, onde será submetida a tratamentos com pontos de fogo, rezas com ervas especiais e folhas secretas, ou ficar em círculo de descarga com copos de água, para que essa *aura* negativa seja destruída, ou, pelo menos, diminuída.

Se você for tratar de sua *aura* num centro onde se trabalha com *Exu* – que não é o diabo, como muitos pensam, mas apenas um intermediário entre as forças positivas ou negativas, sendo possível invocá-lo tanto para o bem como para o mal –, certamente você deverá dedicar-lhe um trabalho, pedindo que ele destrua sua *aura* negativa e abra seus caminhos.

Finalmente, há centros que utilizarão bichos vivos para que sua negatividade seja anulada, e você não se deve assustar com esse tipo de trabalho, porque seus resultados são altamente benéficos.

O importante é ser positivo, querer sempre o bem e atraí-lo, sem pensar em vingança ou retribuir o mal que lhe fazem, porque, na lei espiritual, tudo se paga, tudo tem seu preço, tanto o bem como o mal.

O Que é Umbanda

Umbanda é uma palavra composta de sete letras, e na numerologia sete é o algarismo que significa perfeição espiritual.

A palavra Umbanda é sinônimo de *linha de chão*, e compreende os cultos *Nagô*, *Jeje*, *Omolocô* (ou de Angola, onde se reúnem as sete linhas), *Malê*, *Congo*, *Cabinda*, *Benguela*, *Caçange* e *Costa d'África*.

O desenvolvimento do culto no Brasil tem estreita relação com imigrações africanas, que trouxeram seus rituais próprios e acabaram incorporando lendas e crenças católicas à sua religião primitiva.

A prova dessa incorporação foram os santos católicos, como São Benedito e Santa Efigênia, encontrados nos quilombos juntamente com imagens de divindades africanas.

Como toda religião, a Umbanda também se divide em duas partes:

– o ensino secreto, reservado aos iniciados;
– o culto externo, que se destina ao público.

É, portanto, um engano dividi-la em branca e negra, porque ela ensina tanto o bem como o mal, e cabe apenas a quem a professa decidir-se entre os dois pólos.

No Brasil, há muitos que a confundem com baixo espiritismo, mas quem pratica a caridade está fazendo alguma coisa de baixo nível?

Se existem pessoas que só aderem ao culto para praticar o mal, não é culpa da religião, que tem preceitos bons e se recusa a violar as leis da natureza.

Um iniciado pode ler o futuro, por meio da areia ou do jogo dos búzios, mas essa adivinhação nem sempre é bem feita, porque é comum o feiticeiro usar mais sua intuição do que o verdadeiro conhecimento do assunto.

Na Umbanda, há duas espécies de feitiçaria:

1) a *moamba*, isto é, coisa feita ou *mandinga*, contra alguém.

2) a *mandraca*, que é uma espécie de poder superior que um indivíduo adquire, fazendo ou não pacto com o demônio.

Um médium comum tem capacidade de praticar as feitiçarias (usando receitas e fórmulas), mas só deve fazê-las quando se sentir seguro, porque a Umbanda, como já dissemos, é uma faca de dois gumes: tanto pode ser utilizada para o bem como para o mal, e os dois pólos têm seu preço.

Fundação de um Terreiro

A fundação de um *terreiro* (*abacé* ou *pegi*) é cercada por uma longa lista de formalidades religiosas e de culto.

O indivíduo que quiser abrir seu *terreiro* tem que se iniciar como *cambono*, passando a *cambono de ebó*, que tem por missão saber as encruzilhadas de Exu, porque, antes de abrir um *terreiro*, é preciso despachar a *Exu* com frango preto.

Muitos anos são necessários para se atingir a categoria de *babalaô*, na hierarquia sacerdotal, e só depois de receber a *mão de faca* e realizar as *sete cerimônias secretas*, a pessoa tem licença para abrir seu *terreiro*.

O primeiro assentamento a ser feito no novo *terreiro* é o do indivíduo que o abriu, em intenção de seu anjo da guarda. Mesmo assim, ele ainda não poderá ser considerado *chefe de terreiro* enquanto não fizer sete iniciados, chamados de *cabeças maiores*.

Quando morre o *babalaô*, são os *cabeças maiores* que jogarão os búzios para decidir sobre a sorte do *terreiro*.

Os Orixás de Umbanda

Os *orixás* são espíritos de luz que nunca viveram na Terra e aparecem incorporados em *filhos-de-santo*, seus instrumentos carnais.

Em cada falange de *orixás* há o chefe e os *orixás* menores. Na Umbanda, temos 12 falanges de espíritos, mas apenas sete linhas, porque algumas femininas se ligam a *Oxum*.

As 12 falanges são:

1) OXALÁ

2) NANÃ

3) OMOLU

4) OGUN

5) OXÓSSI

6) OXUM

7) IANSÃ

8) YEMANJÁ

9) BEIJI

10) EXU

11) XANGÔ

12) LINHA DAS ALMAS.

Muita gente desconfia dos rituais, dizendo que não é possível que o mesmo *orixá* esteja em vários *terreiros* ao mesmo tempo.

Quem diz isso desconhece o dom da ubiqüidade dos *orixás* (capacidade de estar em dois lugares ao mesmo tempo), e que por esse dom podem visitar, ao mesmo tempo, os mais diferentes locais.

E os Exus, eles são orixás? Não, eles são empregados das falanges, assim como os Exus femininos (Pombagira) servem às falanges de orixás femininas.

No Brasil, existe uma infinidade de lendas a respeito dos orixás, e os umbandistas garantem que a maioria delas retrata a pura verdade. Mas o que existe mesmo de concreto e provado é a ajuda que os *orixás* nunca deixam de prestar às pessoas que os tratam bem, são sinceras e obedientes a seus preceitos.

Capítulo I

Feitiços para Conquistar Mulher

Quem quer conseguir o amor de uma mulher pode recorrer a uma quantidade enorme de feitiços, mas antes é preciso saber se a escolhida é casada, solteira ou viúva.

Isso é importante, porque as entidades não gostam de separar casais, principalmente quando o motivo é o desejo de uma terceira pessoa, que, na maioria das vezes, nem tem intenções sérias.

Se você escolheu para objeto de seu amor uma mulher solteira, pode ir em frente e seguir as receitas, que os resultados são garantidos.

Mas, se depois de tentar todos os feitiços, você não conseguir a mulher que deseja, pode desistir, porque certamente ela lhe traria grandes complicações.

Feitiço do Pó de Pemba

Para que este feitiço funcione, é preciso conseguir um pouco de cabelo, unhas ou mesmo o resto de comida ou bebida que a pessoa tenha deixado no prato ou copo.

É muito bom também conseguir raspar um pouco da areia onde ela deixou suas pegadas, para misturar com os outros ingredientes.

Quando estiver de posse de todo o material, deve-se levá-lo o mais rápido possível a um *pai-de-santo*, que o misturará com ervas e pó de pemba preta e vermelha, transformando tudo num pozinho que pode ser colocado com a maior facilidade dentro da comida ou bebida de quem deseja.

Guarde segredo acerca do feitiço. Fique certo de que, em pouco tempo, terá a seu lado aquela que ama.

O Café do Amor Verdadeiro

Nem pense em fazer esse trabalho antes de ter conseguido uma roupa usada e suada da mulher que você quiser conquistar.

Para atingir seus objetivos, basta coar o café nessa roupa e oferecê-lo à moça.

Seguindo corretamente as instruções, em sete dias ela estará completamente caída por você.

A Magia do Retrato

Muitas vezes é difícil conseguir algum objeto de uso pessoal da pessoa que se quer encantar. Se esse é seu problema, tente arranjar um retrato da moça, ou então algum papel que tenha sua assinatura.

Em seguida, compre um bicho de dois pés (galo), ou de quatro pés (bode), e sacrifique-o numa encruzilhada aberta, à meia-noite, em cima do retrato ou da assinatura.

Enquanto estiver matando o bicho, firme o pensamento, chame o anjo da guarda da moça e diga: "Anjo da guarda de fulana, seja meu aliado e me entregue quem eu gosto. Se isso eu conseguir, ofereço sete círios durante sete sextas-feiras."

Quando terminar, saia da encruzilhada sem olhar para trás, pois, se você for vidente, poderá assustar-se com as entidades que vêm buscar as oferendas.

Feitiço da Vela Vermelha

A vela vermelha é a ideal para qualquer feitiço que tenha por objetivo a atração sexual e amorosa.

Se você quer roubar o sossego de uma mulher e forçá-la a vir para a sua companhia, escreva seu nome em diagonal, duas vezes, num pedaço de papel branco e, em cima, acenda uma vela vermelha ao contrário.

Quando a vela começar a arder, chame seu nome sete vezes e dentro de sete ou 49 dias ela virá para sua companhia.

Cuidado para não fazer o feitiço dentro de casa, porque as velas vermelhas costumam atrair entidades que poderiam ficar no local onde o trabalho foi feito e perturbar o sossego dos moradores.

Mágica do Gato Preto para conquistar Amor

É difícil de fazer, mas, em compensação, seus efeitos são simplesmente geniais.

Você começa a mágica cortando um pouco do pêlo de um casal de gatos pretos quando estes estiverem unidos sexualmente.

Esse pêlo deve ser misturado com alecrim-do-norte, queimado, e as cinzas colocadas dentro de um vidro com sal amoníaco.

O recipiente deve ficar bem fechado, para que o cheiro se mantenha forte, e deve ser enfeitiçado com um pedido a Exu:

"Espírito das Encruzilhadas, encanta este pó e obriga a quem dele cheirar que me ame até quando eu quiser."

Para conseguir o resultado total, basta que a moça cheire um pouco da cinza guardada no vidro, mas isso é trabalho a ser feito com muito cuidado, porque, se ela descobrir qual finalidade, o encanto se quebra.

Oração para se Fazer Amado

Acenda uma vela vermelha de cabeça para baixo (muito cuidado quando usar velas vermelhas, porque elas são ultra-sexuais e provocam uma cadeia de efeitos que não pode ser cortada) e fique olhando a chama por sete minutos.

Quando estiver bem concentrado nos seus desejos, comece uma oração a São Rafael:

"São Rafael, atenda o meu pedido que é bem pequeno. Só quero que *fulana* me ame, me seja fiel e obediente.

Se conseguir o que quero, muitas velas acenderei, mas, se ela não me corresponder, as almas que o Senhor protege sofrerão por falta de luz.

Essa vela iluminará seus pensamentos em minha direção e seus sentimentos terão a cor do fogo que simboliza desejo."

Se quiser que a oração faça mais efeito, reze depois sete Pais-Nossos e sete Ave-Marias, benzendo-se sempre com a mão esquerda.

Capítulo II

Mandingas Infalíveis para o Amor

A maior preocupação da vida de uma mulher é o amor, e, para consegui-lo, ela é capaz de fazer qualquer sacrifício.

Raramente uma mulher precisa recorrer aos poderes sobrenaturais para conseguir o homem que ama, pois ela conhece inúmeras artimanhas para esse fim e sabe aplicá-las com muita eficiência.

Se você chegou à conclusão de que pôs em prática tudo o que sabe acerca da conquista de um homem e ficou na mesma, não se envergonhe de recorrer ao sobrenatural para resolver seu problema, porque a vida sem amor não tem graça alguma.

Há uma série de receitas do capítulo anterior que você pode usar, mas evite fazer a *Oração para se fazer amado* e a *Mágica do gato preto*, pois elas são mais adequadas ao homem e, quando aplicadas por uma mulher, podem dar péssimos resultados.

Em compensação, os homens não devem recorrer à nenhuma das receitas desse capítulo, por motivos óbvios, que verão logo a seguir.

Banho de Vênus

Se todas as mulheres que conseguiram casamento por meio do uso do *Banho de Vênus* não escondessem o fato, muitos livros sobre o assunto já poderiam ter sido escritos.

Além de infalível, esse banho tem grande poder de atração, é de fácil preparo e exige apenas o seguinte:

lírio-do-brejo
rosas brancas (meia dúzia)
malícia-de-mulher
palha de arroz
erva-capitão
heliotrópio, ou girassol
gotas de verbena

A quantidade das ervas fica a seu critério, com exceção das rosas, que devem ser em número de seis.

Comece o feitiço fazendo uma infusão com as ervas. Numa sexta-feira de Lua nova ou quarto crescente, à meia-noite, tome um banho do pescoço aos pés com a infusão (não molhe a cabeça de forma alguma), mentalizando que depois desse banho nenhum homem será capaz de resistir-lhe.

Guarde o bagaço que sobrou das ervas e jogue-o num rio, repetindo sete vezes: "Minha falta de encanto vai embora com a corrente do rio, sem poder mais voltar."

Pronto: seus caminhos estão completamente abertos para qualquer conquista amorosa. Caso você se ache feia, pode estar certa de que, de agora em diante, os homens a acharão a mulher mais atraente do mundo.

Magia do Pano Virgem

Você só poderá pôr em prática esse feitiço se já tiver tido relações sexuais com o homem que deseja.

Tome muito cuidado, porque a magia do pano virgem não pode ser desfeita. Se mais tarde você resolver mudar de idéia, nada poderá ser feito e você vai ter de agüentar esse homem pelo resto da vida.

O feitiço parece muito simples, mas seus resultados são tão bons que ultrapassam qualquer expectativa.

Guarde um pouco do que restou da relação sexual de vocês (esperma) num pano branco e virgem, mas tome cuidado para que seu namorado não desconfie de nada, porque isso quebraria o encanto.

Quando estiver sozinha, aperte o pano contra o peito e chame o nome dele por sete vezes, olhando a chama de uma vela vermelha.

Repita essa operação durante sete dias, ao meio-dia em ponto. Dentro de sete, 14 ou 21 dias, seu namorado voltará *caidinho* por você.

Se você se assusta com facilidade e tem medo de ver alguma *entidade* enquanto faz o feitiço, leve o pano branco a um *pai-de-santo*, que fará sobre ele uma oração secreta, só conhecida por aqueles que *fizeram a cabeça* para algum santo.

Presente para as Almas

Quem não é corajosa sequer deve ler essa receita, porque ela exige que a pessoa vá, sozinha, à uma encruzilhada, numa segunda-feira, à meia-noite, para que dê bons resultados.

Se você não tem medo, pode começar a comprar os ingredientes:

> um pano preto com franjas vermelhas
> um alguidar de barro, virgem
> um bife cru e bem fresco, com sangue escorrendo

uma garrafinha de azeite-de-dendê
uma vela vermelha
pipocas

Quando chegar à encruzilhada, estenda o pano preto com as franjas e coloque sobre ele o alguidar com o bife e derrame em cima o azeite-de-dendê.

Em seguida, circunde o alguidar com as pipocas. Acenda a vela ao lado e chame as almas, prometendo-lhes muitas velas e orações, se lhe trouxerem o homem que quer.

Cuidado para não dar as costas ao trabalho – isso seria um desrespeito às almas. Se tudo der certo, durante sete segundas-feiras acenda sete velas em intenção das almas do Purgatório.

Feitiço dos Pregos de Defunto

Só recorra aos pregos de defunto se estiver realmente desesperada por problemas de amor.

Se está mesmo decidida, antes de começar acenda uma vela a seu anjo da guarda e peça a ele que lhe dê proteção contra qualquer espírito do mal que aparecer enquanto você estiver fazendo o trabalho.

Para esse feitiço é absolutamente necessário que você consiga um retrato de quem quer encantar e cinco pregos que tenham pertencido a um caixão de defunto, além de um pedaço de madeira virgem.

Comece desenhando uma *estrela-de-davi* (seis pontas) em cima da madeira, pois sem a estrela o trabalho perde o valor.

Feita a estrela, comece a bater os pregos sobre a tábua e diga:

Para o 1º prego: "Você, fulano, ficará comigo enquanto seu retrato estiver preso a esta estrela-de-davi." Com o primeiro prego, o retrato tem de ficar preso à tábua.

Para o 2º prego: "Você, fulano, não me faltará enquanto eu quiser."

Para o 3º prego: "Você, fulano, estará comigo enquanto Satanás reinar no inferno."

Para o 4º prego: "Você, fulano, não poderá ter sossego enquanto não vier a mim."

Para o 5º prego: "Você, fulano, só me deixará no dia em que Satanás se submeter a *Oxalá.*"

Quando terminar de bater os pregos, queime a tábua imediatamente e espalhe as cinzas na direção dos quatro cantos da Terra.

Esse feitiço dá mais resultado ainda quando é feito ao pé de uma sepultura de defunto fresco.

O Encanto dos Dois Bonecos

Há muitas bruxarias que podem ser feitas com bonecos, que se prestam a várias finalidades.

Num caso de amor, basta preparar um boneco e uma boneca com pano de linho de algodão branco e enfeitá-los com o que desejar: fitas, botões etc.

Quando estiverem prontos, amarre-os bem abraçados, dizendo:

"Eu te prendo e amarro em nome de Deus, dos santos e dos *orixás*. Tão preso já estás, que sem mim não comerás, dormirás ou beberás. Enquanto o mundo durar, a mim preso ficarás."

Repita essas palavras (sempre segurando os bonecos) durante nove dias, ao meio-dia. Pode ter certeza de que, enquanto a pessoa não vier a você, não terá sossego e poderá até ficar doente, se resistir por muito tempo.

Oração para Conseguir Casamento

Não são raros os homens que resistem bravamente ao casamento, por mais que amem a namorada.

Essa resistência pode ser devida a algum trabalho anterior, feito por outra moça, mas que poderá ser facilmente desfeito por meio da *Oração a São Manso*.

Você deve rezá-la com fé, abraçada ao retrato da pessoa amada, procurando concentrar-se nela com toda a força do pensamento:

"Fulano, São Manso que te amanse, para que não comas, bebas ou descanses, enquanto não fores meu marido fiel.

Inquieto ficarás enquanto não reconheceres que sou a pessoa perfeita para tua vida e tua morte."

Quando terminar a oração, guarde o retrato embaixo do colchão e só o retire quando conseguir o que deseja.

Reza a São Rafael

São Rafael costuma resolver bem e rápido qualquer problema de amor, sem maior esforço da pessoa que lhe faz o pedido.

A oração deve ser rezada uma só vez, de joelhos e com uma vela vermelha acesa ao lado:

"Meu Senhor, que gostas de ver as pessoas se amarem e unirem, porque Vós mesmo sois o amor.

Meu querido São Rafael, amigo fiel de Deus, trazei fulano para mim, limpando todos os maus pensamentos que ele porventura possa ter.

São Rafael, dai-me este homem que amo e Vos acenderei uma vela, para que os santos do céu nunca possam me chamar de ingrata."

Acompanhe o pedido com uma Ave-Maria e um Pai-Nosso. Quando terminar, você deve se benzer com a mão esquerda por sete vezes.

O Lenço que Fascina

um lenço do namorado (branco, de preferência)
água-benta
espírito de flor de laranjeira

São os ingredientes desse trabalho, que costuma dar excelentes resultados, principalmente quando a moça que o faz é virgem.

Roube um lenço de seu namorado, ensope-o com água-benta e passe a ferro.

Depois, perfume o lenço com espírito de flor de laranjeira e use-o sempre na bolsa, fazendo o possível para que o seu namorado não descubra o feitiço e, assim, destrua todas as suas chances de conquistá-lo.

Capítulo III

Bruxarias que Afastam os Indesejáveis

Hoje em dia, todo mundo quer tirar algum proveito dos outros. É realmente difícil encontrar um amigo de verdade, que não esteja interessado em alguma coisa.

Às vezes, é fácil distinguir uma pessoa falsa de uma verdadeira, mas há umas tão espertas que são capazes de enganar por anos a fio, sem que sejam descobertas suas verdadeiras intenções.

Quando nossas avós recebiam visitas indesejáveis, punham uma vassoura atrás da porta, para que a pessoa fosse logo embora e não deixasse qualquer carga negativa na casa.

Com o tempo, novos feitiços foram aparecendo e os que apresentamos são a última palavra em matéria de afastar de nossa vida pessoas indesejáveis, falsas e que nos fazem mal.

O Infalível Pó de Corredeira

Procure uma casa de ervas e compre o seguinte:

    pó de raspa de chifre de veado
    pimenta-da-costa
    raiz de corredeira triturada
    pó de pemba

Misture tudo muito bem, transformando num pó que deverá ser jogado nas costas, na cabeça ou no sapato de quem quiser afastar de sua vida.

O mais importante é que o feitiço não seja descoberto, para que não desperte desejo de vingança ou perca o efeito.

Ebó de Exu

Nem sempre a pessoa que o incomoda mora perto, tornando-se, assim, impossível utilizar o *pó de corredeira*.

Se esse é o seu problema, ofereça um *Ebó a Exu*, que consta do seguinte:

farofa amarela (feita com farinha e
azeite-de-dendê)
uma garrafa de cachaça
um frango preto bem gordo
um alguidar virgem

Coloque tudo dentro do alguidar e arrie numa encruzilhada, à meia-noite de quinta-feira, em intenção do afastamento da pessoa.

Se o *Ebó* não der certo da primeira vez, acrescente um charuto, uma caixa de fósforos e uma vela de cera, para que fique mais forte.

Magia do Pó de Suma

Infelizmente, você só poderá utilizar essa magia se puder entrar em contato pessoal com quem a está perturbando.

Se tem essa possibilidade, basta comprar em qualquer casa de ervas o *Pó de Suma* e jogá-lo nas costas da pessoa.

Como por encanto, ela desaparecerá de sua vida e nenhum mal que fizer poderá atingi-la.

Oferta às Almas

As almas do purgatório estão sempre precisando de velas e orações, e recebem muito bem qualquer pedido, contanto que sejam oferecidas velas em troca.

Se você quer livrar-se de alguém que anda perturbando sua vida, vá ao cruzeiro de um cemitério, durante sete segundas-feiras seguidas (ao meio-dia ou às seis da tarde), e acenda sete velas, fazendo, ao mesmo tempo, a seguinte oração:

"Almas do purgatório, assim como vosso corpo carnal sumiu do convívio dos homens, assim essa pessoa que me incomoda e quer meu mal há de sumir de minha vida e nada conseguirá a meu respeito, mesmo que recorra aos seres superiores.

Que Vossa Salvação esteja a caminho, e, para ajudá-la, durante sete segundas-feiras, estarei aqui para iluminar vosso caminho com sete velas brancas."

Terminada a oração, reze ainda três Ave-Marias, três Glória-ao-Pai e um Pai-Nosso.

Oração a São Jorge

São Jorge é guerreiro e lutará com todas as forças a favor daqueles que pedirem seu auxílio.

Eis uma oração especial para casos em que é necessário afastar uma pessoa:

"Meu querido São Jorge, que decepou o dragão, defenda-me de quem me é tão desagradável.

Venha, São Jorge, em meu auxílio e me dê coragem para enfrentar as pessoas que não me dedicam verdadeira amizade e que de mim só querem tirar vantagens, sem dar nada em troca.

São Jorge, seja meu guardião hoje e sempre, afastando de mim quem não merece estar comigo."

Complemente essa oração – que deve ser rezada durante sete dias consecutivos – com uma Ave-Maria e dois Pais-Nossos, e use uma medalha de prata com a imagem de São Jorge, que dá muita proteção.

Banho de Santo Contra Más Influências

Para preparar esse banho, que afasta toda e qualquer má influência, você deve comprar as seguintes ervas e flores:

    erva-de-xangô
    erva-de-santa-bárbara
    louro
    rosas vermelhas
    palma-de-santa-rita
    alecrim-do-campo
    espada-de-são-jorge

Faça um chá com todas as ervas e flores e despeje-o da cabeça aos pés.

Pegue o bagaço, seque e queime com incenso, benjoim e mirra. Enquanto observa as ervas queimando, diga:

"Fogo sagrado, afasta, queima, destrói e reduz ao nada as más influências e as más pessoas que me cercam.

Estou limpo de todo o mal e não há força que me jogue em cima más vibrações ou pensamentos."

As cinzas devem ser jogadas ao mar.

Capítulo IV

Rezas e Mandingas contra Esterilidade

Se você não consegue engravidar, antes de apelar para os poderes espirituais, consulte um médico, pois a causa de seu problema pode ser puramente física.

Se o médico concluir que você e seu marido são saudáveis e nada no mundo físico está impedindo que tenham filhos, pode estar certa de que há algo de errado com vocês, do ponto de vista espiritual, que deve ser rapidamente corrigido.

Há muitos trabalhos, rezas e defumadores que conseguem curar a esterilidade, mas os melhores são aqueles que invocam São Cosme e São Damião, que, por serem crianças, estão sempre prontos a ajudar quem gosta delas.

Boneco de São Cosme e São Damião

Mande fazer um boneco de cera em forma de menino, amarre fitas azuis e rosas em torno dele e guarde em segredo, num lugar onde ninguém consiga encontrá-lo.

No mês em que quiser engravidar, vá a um *pai-de-santo* e peça que ele entregue o boneco à falange de São Cosme e São Damião, pedindo em troca uma criança.

Pode ser que o *pai-de-santo* receba ordem dos *Meninos* e lhe receite ervas. Tome sem susto, e dentro de pouco tempo sua esterilidade será problema do passado.

Defumador de Cosme e Damião

Talvez você não consiga conceber pelo fato de sua casa estar carregada com influências negativas, deixadas por pessoas que não lhe desejam bem.

Nesse caso, o melhor a fazer é preparar o defumador dedicado aos *Meninos* e que leva os seguintes ingredientes:

    erva-doce
    cominho
    cravo
    canela
    noz-moscada
    coco seco e ralado
    açúcar

Coloque tudo no braseiro e defume a casa da entrada para os fundos, levando para fora as más vibrações.

Enquanto defuma a casa, vá repetindo mentalmente: "Cosme, Damião e Doum, venham trabalhar para que nessa casa uma criança possa entrar."

Doce que Atrai Criança

Os Erês são espíritos de criança. Normalmente, têm muita luz e costumam resolver qualquer problema com uma rapidez espantosa.

Quem quer se valer deles, deve preparar uma mesa coberta com toalha branca, pratos e pires também brancos e guarnecer a mesa com cocadas e manjar de coco.

No dia seguinte, é muito bom levar a uma mata pacotes de balas, que devem ser distribuídos pelo chão enquanto se faz o pedido.

A Cura pelo Sangue de Jesus

A *Oração do Precioso Sangue de Jesus na Cruz* é milagrosíssima e tem a capacidade de curar qualquer doença desconhecida.

Se seu médico acha que você não tem filhos por sofrer de algum mal que está além dos conhecimentos da ciência, peça a um *pai-de-santo* ou a uma *rezadeira* que faça essa oração por você.

A *rezadeira* deve ajoelhar-se, fazer o sinal da cruz e repetir três vezes:

"Pelo poder onipotente, esse mal desconhecido sairá do corpo desta criatura, assim como de Jesus saiu o Precioso Sangue na Cruz."

A mulher deve ficar deitada e imóvel, enquanto a *rezadeira* repete as palavras e desenha cruzes, com pemba branca, por todo o seu corpo.

Oração a São Cosme e Damião

Essa oração é milenar e dizem que já ajudou até rainhas a dar herdeiros ao trono.

Antes de fazê-la, acenda uma vela azul e prometa balas e doces às crianças, se for atendida.

A oração se reza assim:

"Cosme e Damião, Deus vos deu todos os poderes e por isso peço ajuda para que minha casa se encha de crianças boas como Vós.

Certeza tenho de que Deus e a Virgem Maria estarão presentes para atender meu pedido por Vosso intermédio.

Se atenderdes à minha prece, a criança que aqui nascer ficará sob Vossa guarda e proteção."

Farofa de Mel das Crianças

Exatamente às 10 horas da manhã, comece a fazer uma farofa com mel de abelha e farinha.

Divida-a em três porções. Sem que ninguém saiba, vá andando pela rua e jogando pequenos punhados no chão.

Ao terminar de distribuir a farofa, entre numa igreja e acenda nove velas às crianças, prometendo fazer o mesmo durante nove anos, naquele mesmo dia, se seu problema for resolvido.

Capítulo V

Feitiçarias para Atrair Amizades

As amizades são preciosas na vida de qualquer ser humano, mas, se você é mal-educado e grosseiro, nem deve ler este capítulo, pois os feitiços não podem trazer amigos a quem reúne essas condições.

Por isso, antes de pôr em prática as receitas, faça uma auto-análise e veja como se comporta com seus amigos ou com as pessoas que se aproximam de você.

Esteja certo de que os intrigantes acabam mal e sozinhos, pois é impossível enganar todo o mundo durante todo o tempo, e, se você é assim, procure emendar-se para não sofrer as conseqüências da solidão.

Os feitiços podem ajudar muito as pessoas boas, que não se preocupam com *fofocas*, e, mesmo assim, se queixam da falta de amigos.

Para essas, as bruxarias que apresentamos são excelentes, pois afastarão as influências nefastas, permitindo a aproximação de pessoas boas e sinceras.

A partir de agora, você tem à sua disposição uma série de feitiçarias, orações e defumadores que aumentarão seu círculo de amizades, aumentando, também, sua alegria de viver e conviver.

Magias com Pó de Atração e Pó de Chama

Essas duas mágicas não têm mistério algum, são facílimas de fazer e trazem resultados espetaculares em pouquíssimo tempo.

Peça (nas casas de ervas) um vidrinho de *Pó de Atração* e outro de *Pó de Chama* e passe-os por todo o corpo em dias alternados, isto é, use o *Pó de Chama* às segundas, quartas e sextas, e o de *Atração* às terças, quintas e sábados.

O domingo (ou qualquer outro dia de sua escolha) deve ser deixado livre para descansar, sem usar qualquer dos pós, porque o excesso também é prejudicial.

O *Pó de Chama*, além de atrair amigos, tem também a capacidade de trazer dinheiro e amor.

Sete Velas de Exu

Como todos os trabalhos a *Exu*, esse também deve ser arriado numa encruzilhada. A noite escolhida deve ser a de segunda-feira.

O material usado é pouco e simples de ser adquirido:

sete velas
sete charutos de boa qualidade
sete caixas de fósforos

Numa noite de segunda-feira, vá andando e arriando, em cada encruzilhada pela qual for passando, um charuto e uma caixa de fósforos.

Quando chegar à sétima, acenda as sete velas e diga:

"Rei das Encruzilhadas, aceita minhas oferendas e usa essas velas para iluminar o caminho daqueles que desejam vir à minha casa e tornarem-se meus amigos".

Terminada a oferenda, vá andando sempre de frente para o trabalho, porque faz mal dar as costas à encruzilhada onde se arriou o trabalho.

Sortilégio de Santa Catarina

Santa Catarina é a santa ideal para cuidar de negócios de amizade e tem um poder extraordinário para transformar inimigos em amigos.

Se é amizades o que você deseja, numa sexta-feira, à meia-noite, acenda uma vela ao lado de um copo d'água e peça:

"Santa Catarina, que conseguiu acalmar homens furiosos como tigres, abrande o coração dessas pessoas que vou dizer o nome para que se tornem meus amigos e amoleça o coração de quem me deseja mal."

Repita essa afirmação sete vezes, mantendo o pensamento firme nas pessoas que quer cativar.

Durante sete dias, mantenha uma vela acesa e um copo d'água na porta de sua casa, para limpar e descarregar o ambiente, ajudando, assim, o sortilégio a fazer mais efeito.

Defumador de São Cipriano

Muita gente agradável e simpática tem dificuldades para arranjar amigos por causa da *aura* negativa que carrega.

Um dos melhores métodos de *descarrego* entre os conhecidos é o defumador, e esse de São Cipriano ficou famoso pelos excelentes resultados que tem produzido.

Para prepará-lo, compre as seguintes ervas:

arruda
palha de alho
benjoim
alecrim-do-campo

Misture as ervas, ponha no braseiro e, antes de começar a defumação, acenda três velas para a proteção do local.

Vá defumando a casa, da entrada para os fundos, e invocando São Cipriano assim:

"São Cipriano, afasta esse mal;

São Cipriano, tira essa carga;

São Cipriano, traga gente aqui."

Espere o defumador se apagar, embrulhe os restos num pedaço de papel branco e virgem e coloque na encruzilhada.

Feitiço do Mel e da Cachaça

Se sua vida anda enrolada, solitária e sem amigos, recorra a esse feitiço, muito popular entre os negros africanos, que o dizem infalível.

Para fazê-lo, é preciso do seguinte material:

uma vela branca e grande
um vidro de mel
uma garrafa de cachaça

Leve a vela, o vidro de mel e a garrafa de cachaça a uma mata, *salve seu Povo* e, em seguida, despeje a cachaça em todas as direções.

Agora, acenda a vela e peça ao *Povo das Matas* que sua vida seja tão doce como o mel que você vai derramar, que seus amigos sejam inúmeros e que a solidão se queime no pavio da vela.

Se quiser, peça uma proteção extra aos *caboclos que moram nas matas, e, se suas dificuldades são muito grandes, prometa voltar à mata uma vez por mês, durante um ano, trazendo mel e vinho.*

Oração dos Anjos

Os anjos, como auxiliares diretos de Deus, podem dar muita assistência e ajuda a quem recorre a eles.

Essa oração só deve ser feita quando o problema for falta de amigos, pois não é muito eficiente para outras dificuldades.

Ajoelhe-se ao meio-dia, faça um círculo com 10 velas brancas de cera e queime incenso enquanto fizer a oração:

"Senhor, meu Deus, todos os que têm fé merecem também Vossa paz.

Anjos Santos, sede meus guias, minha luz, força, proteção e coragem para enfrentar os inimigos e ganhar amigos.

Tirai de minha casa os invejosos, maledicentes, hipócritas e interesseiros e trazei os bons, os puros e limpos de coração.

Assim como o Senhor multiplicou os peixes, assim se multiplicarão as pessoas que me querem bem."

Se a oração não fizer efeito dentro de um mês, procure repeti-la durante três quintas-feiras. Assim, conseguirá o que deseja.

Capítulo VI

Ganhe Prestígio com Simpatias e Rezas

Por prestígio muita gente já morreu, fez guerras, matou e roubou. Por prestígio amigos brigam, casais se separam e até pais e filhos se transformam em adversários, prontos a lutar, se houver necessidade.

Com trabalho e paciência, todo mundo poderia conseguir prestígio na vida ou profissão, mas, infelizmente, o ser humano é impaciente e gostaria de ver imediatamente o resultado de seus esforços.

Há casos em que uma pessoa faz todo o possível para vencer, mas parece que nada dá certo.

Tentativas sucessivas acabam sempre em fracasso, o desespero aparece e a pessoa se pergunta por que tudo isso lhe acontece.

Há duas explicações para este fato. A primeira baseia-se na reencarnação e no carma, que todos nós trazemos ao nascer e que devemos pagar na Terra. A segunda explicação é a de que alguém, por macumba ou vibração de pensamento muito forte, tenha fechado nossos caminhos, que só poderão ser reabertos com o trabalho adequado a cada caso.

Neste capítulo, você encontrará simpatias, trabalhos e orações que o ajudarão a conseguir prestígio, se você tiver fé e paciência.

Simpatia das Folhas de Arruda

Para essa simpatia, você necessita apenas de folhas de arruda, que deverão ficar embaixo de seu travesseiro por 21 dias.

Na manhã do 22º dia, faça um chá com as folhas e tome um banho do pescoço aos pés, sem molhar a cabeça.

Durante os 21 dias em que você estiver fazendo a simpatia, não se esqueça de acender uma vela a seu anjo da guarda, que lhe dará proteção e apressará os efeitos do *trabalho*.

As Sete Velas do Sucesso

Durante sete dias, acenda uma vela azul, à meia-noite, e diga:

"Espíritos que cuidam do Grande Nome, Grande Nome devem me dar, por isso a eles essa vela vou dedicar."

Tenha paciência e não espere que o feitiço faça efeito imediato, pois prestígio não é coisa fácil de ser alcançada.

Simpatia das Sete Rosas

Essa simpatia é dedicada a *Yemanjá, Rainha do Mar*, e, durante os sete dias em que for feita, você deve dormir com um copo d'água e uma maçã na cabeceira.

A simpatia é simplíssima e seu único trabalho será o de jogar uma rosa ao mar, durante sete dias consecutivos, pedindo a *Yemanjá* que atenda o seu desejo.

Presente de Exu

um pano preto e vermelho
uma garrafa de cachaça
um cachimbo de barro
um pedaço de fumo de rolo
uma caixa de fósforos nova

É o que você deve levar à encruzilhada para presentear *Exu*.

Ao chegar à encruzilhada, sacuda a garrafa de cachaça, que já deve estar aberta (pegue pelo meio, nunca pelo gargalo), *salve os quatro cantos* e abra o pano preto e vermelho, de preferência feito em cetim, que é um tecido que agrada muito a *Exu*.

Coloque os presentes sobre o pano, despeje a garrafa de cachaça e peça a *Exu* que lhe dê todo o prestígio do mundo em troca das ofertas que você lhe fez.

A Moeda que dá Poder

Com apenas uma moeda antiga de 50 centavos, que se compra em qualquer antiquário, e um pouquinho de água-benta, você tem um sortilégio que lhe dará prestígio em pouquíssimo tempo.

Durante três dias, vá à encruzilhada, à meia-noite, benza a moeda com água-benta e diga:

"Eu te benzo em nome do demônio, que há de me dar prestígio e grande nome enquanto te conservar junto a mim."

Guarde a moeda junto ao corpo e só se separe dela quando tiver relações sexuais.

Enquanto tiver essa moeda consigo, não poderá queixar-se de falta de prestígio e poder.

Oração a Xangô

Xangô é o santo da justiça e nunca deixa de dar a seus protegidos o que merecem.

Qualquer trabalho oferecido a *Xangô* deve ser feito nas pedreiras, porque, dizem as lendas, é lá que ele mora.

Se você quer prestígio e poder, leve uma vela e uma garrafa de cerveja preta à pedreira. Enquanto abre a garrafa, você deve saudar *Xangô* e pedir:

"Dai-me poder e prestígio para que eu não role na vida como as pedras dessa pedreira."

Quebre depois a garrafa, para simbolizar o fim dos tempos das vacas magras.

A Magia do Ovo Quebrado

Essa magia é tão simples que muitas pessoas nem acreditam na sua eficiência, no que muito se enganam.

Tome um banho e não se seque. Passe em seguida, pelo corpo todo, um ovo inteiro e cru, mentalizando que tudo o que está impedindo sua ascensão na vida está desaparecendo.

Seque naturalmente, sem usar toalha, e nessa mesma noite, entre dezoito horas e meia-noite, quebre o ovo na encruzilhada.

Apesar da simplicidade do trabalho, você ficará espantado com a rapidez com que os resultados começam a aparecer.

Capítulo VII

Feitiços para Devolver Malefícios

"Quem com ferro fere, com ferro será ferido", diz a sabedoria popular, exprimindo com clareza o que se chama, em espiritismo, de "lei do retorno".

Essa lei espiritual ensina que tudo o que fazemos a um semelhante – seja bom ou mau – acaba voltando para nós, e por isso deve-se evitar tomar qualquer atitude que possa trazer conseqüências desagradáveis no futuro.

Há casos em que realmente é impossível deixar de devolver um malefício que nos fizeram, mas essas situações são raras e extremas e nunca é demais lembrar que qualquer atitude no campo espiritual acaba tendo seus efeitos.

Se alguém perturbou sua vida e você sente que só terá sossego quando lhe devolver na mesma moeda, use as receitas que estamos apresentando, mas lembre-se de que, nesse tipo de trabalho, todo cuidado é pouco.

A Vela ao Contrário

Esse é um trabalho que só deveria ser posto em prática por quem tem muita força de pensamento e capacidade de concentração.

Se você se enquadra nessa categoria, pode ficar certo de que o feitiço é praticamente infalível.

Escreva o nome da pessoa que lhe fez mal num pedaço de papel e coloque-o ao lado de uma vela acesa ao contrário.

Chame o anjo da guarda da pessoa e se concentre, pedindo que todo o mal que ela fez a você lhe seja devolvido em dobro.

O Feitiço do Papel

Escreva, em cruz, o nome da pessoa a quem deseja enfeitiçar e acenda uma vela em cima, salpicando o papel com sal e pimenta.

No dia seguinte, às dezoito horas ou à meia-noite, concentre-se nela e peça aquilo que lhe deseja: morte, destruição ou, simplesmente, que se afaste de sua vida, ou perca a força para lhe fazer mal.

Vinte e um dias depois, vá à uma encruzilhada e repita o feitiço do papel, quebrando em cima um ovo e acendendo ao lado uma vela preta.

Feitiço do Cemitério

Você só poderá fazer esse feitiço se tiver possibilidade de conseguir uma roupa suada ou um pouco do cabelo de quem deseja enfeitiçar.

Se conseguir, leve a roupa ou o cabelo ao cemitério e enterre-o ao lado da sepultura de defunto fresco, dizendo:

"Fulano, você estará para sempre tão enterrado em seus problemas como sua roupa (ou cabelo) está enterrada nessa sepultura. Enquanto os mortos não ressuscitarem, sua vida não poderá melhorar."

Bata três vezes com o pé esquerdo no lugar onde enterrou a roupa e vá embora, sem olhar para trás.

Malefício do Boneco

Faça um boneco de pano, simbolizando a pessoa que você odeia. Amarre uma linha em volta de seu pescoço, como se fosse esganá-lo e logo depois bata cinco pregos nas seguintes partes:

1 – cabeça
2 – peito
3 – ventre
4 – pernas
5 – pés

Cada prego deve ser espetado enquanto são ditas as frases adequadas:

Para o 1º prego: "Fulano, eu te prego, amarro e espeto, para que assim sofras."

Para o 2º prego: "Fulano, eu te juro que de hoje em diante nunca mais terás sossego."

Para o 3º prego: "Fulano, eu te juro que de hoje em diante nunca mais terás uma hora de saúde."

Para o 4º prego: "Fulano, eu te juro que de hoje em diante ficarás preso ao meu feitiço."

Para o 5º prego: "Fulano, eu te prego e amarro dos pés à cabeça pelo poder da magia negra."

A partir de agora, você poderá ficar tranqüilo, pois tudo o que desejar de ruim a essa pessoa se tornará realidade.

Capítulo VIII

Trabalho não Falta a quem é Feiticeiro

Um bom feiticeiro, que cumpre suas obrigações e não deseja mal a ninguém, nunca fica sem trabalho.

A sorte é um fator que influi muito em matéria de trabalho e é comum ver pessoas capazes em situação inferior à de outras, que subiram na vida mais à custa de ajuda alheia do que por valor próprio.

Não se iluda, porque a leitura desse capítulo não possibilitará sua entrada num emprego, se você não tiver valor. As receitas apresentadas só ajudarão a quem merece e que, por feitiço ou mau-olhado, está com seus caminhos fechados para ganhar sua vida sem muito problema.

A Magia dos Pós

O *Pó de Pemba* dado por um pai-de-santo e jogado no local onde se desejaria trabalhar traz excelentes resultados.

Se for impossível entrar na sala onde você gostaria de trabalhar, jogue o pó na porta do prédio, que o efeito será o mesmo.

Outros pós que ajudam muito em problemas de emprego são o *Pó de Atim* – feito com ervas e sangue de bichos – e o *Pó de Raspa de Casco*, de boi ou de burro, que só podem ser preparados por um *pai-de-santo*.

Pó dos Quatro Cantos

Se você deseja um emprego que já está ocupado, tente consegui-lo primeiramente por meios naturais, isto é, viva por lá, agrade o chefe, mostre-se agradável e inteligente, evitando, no entanto, qualquer demonstração de que desejaria o lugar.

Se isso não funcionar, comece a aparecer por lá às segundas, quartas e sextas, e, sem que ninguém note, ande pela sala, derramando o *Pó de Atim* ou de *Casco de Bicho*, misturado com pimenta, pelos quatro cantos.

Quando estiver espalhando o *Pó de Atim*, repita mentalmente, por três vezes, a afirmação: "*Pó de Atim* espirra daqui fulano e me deixe bem em seu lugar."

Simpatia a Cosme e Damião

Num sábado, entre dezessete e dezoito horas, espalhe uma grande quantidade de doces e cocadas por um jardim ou mata.

No sábado seguinte, compre outra quantidade de doces e saia pela rua, distribuindo as balas e os doces pelas sete primeiras crianças que encontrar.

Chegando em casa, reze a oração aos *Meninos*, em frente a uma vela azul:

"Se gostais de doces, fazei com que minha vida seja adoçada por este trabalho que Vos peço.

Se gostais de alegria, fazei de mim uma pessoa feliz.

Se gostais de bondade, levai-me onde quero e que por lá permaneça até que o tempo de ficar tenha acabado."

Banho de Descarga para Abrir Caminho

Se você acha que seu problema financeiro e de falta de trabalho se deve a algum malefício que fechou seus caminhos, tome o mais rápido que puder um banho de descarga e logo as coisas começarão a melhorar.

Um dos mais famosos é o que apresentamos agora. Simples, feito apenas com água do mar, sal e sete rosas brancas. Seus resultados costumam ser espantosos.

Durante os três últimos dias de quarto crescente, apanhe água do mar de manhã cedo.

Coloque a água numa bacia pequena e jogue três punhados de sal grosso, dizendo:

1º punhado: "Em nome do Pai."
2º punhado: "Em nome do Filho."
3º punhado: "Em nome do Espírito Santo, que me livrará da perturbação e me abrirá os caminhos."

Despeje a água da cabeça aos pés, enxugue-se com uma toalha branca que nunca tenha sido usada antes e vista roupa branca e limpa.

Em seguida, embrulhe a toalha em papel branco (sem amarrar com barbante) e jogue-a no mar, junto com sete rosas brancas.

Enquanto joga as flores e a toalha, peça com fervor ao *Povo do Mar* que tome conta de você e de seus negócios, e que todo mal seja levado pelas ondas.

Você também deve saudar *Yemanjá, a Rainha do Mar*, da seguinte maneira:

"*Rainha do Mar*, assim como te dou essas rosas, me dê também paz, prosperidade e me realize em meus negócios."

Se quiser, leve um pouco de mel e derrame sobre o mar, para completar o trabalho, que deve ser feito, de preferência, numa segunda ou sexta-feira.

O Galo Preto que Desamarra Negócios

Numa sexta-feira, à meia-noite, leve o seguinte a uma encruzilhada:

> um galo preto, vivo
> um metro de fita de cetim preto
> um metro de fita de cetim vermelho
> uma garrafa de cachaça
> um charuto
> uma caixa de fósforos

Antes de qualquer coisa, *salve os quatro cantos* da encruzilhada com um pouco de cachaça e, em seguida, comece a arriar a garrafa, o charuto e a caixa de fósforos.

Amarre os pés do galo com as fitas e deixe-o assim até que o feitiço termine.

Como esse trabalho é dedicado a *Exu-Tiriri*, peça a ele que lhe dê trabalho e desamarre seus negócios, dizendo:

"*Exu-Tiriri*, que tem todos os poderes sobre essa encruzilhada.
Eu vos peço que meus caminhos sejam abertos e desembaraçados e meus desejos realizados.
É para isso que solto esse galo em vossa honra, para que meus negócios possam ficar soltos."

Desamarre os pés do galo e deixe-o ir para onde quiser.

Despacho à Pombagira

uma farofa amarela, num alguidar
  pequeno, de barro
uma garrafa de cachaça
um charuto
uma caixa de fósforos

É o que precisa ser levado, numa sexta-feira, à meia-noite, à uma encruzilhada em forma de T.

Esses presentes devem ser colocados no centro da encruzilhada, enquanto você pede à *Pombagira*:

"Minha *Pombagira*, eu te ofereço esses presentes para que também me ofereças o que te peço.
Assim como na encruzilhada só é feito o que desejas, assim também seja feito o que quero."

Se o negócio for difícil, leve também uma saia vermelha de organza e um colar dourado, e coloque-os junto aos outros presentes.

Oração que Resolve Trabalho

São Judas Tadeu é muito milagroso e sempre foi reverenciado como um dos grandes servidores de Deus.

Quem se pega com ele raramente vê seus pedidos frustrados, e é a São Judas que essa oração é dedicada:

"Glória a Deus nas alturas, glória a São Judas Tadeu.
Meu São Judas Tadeu, embora não mereça, te peço para que me ampares em meus negócios, minha profissão e meu trabalho.

Com firme confiança em ti, e atendendo a uma recomendação de Teu Pai, que disse 'peça e receberás', imploro teu Amparo para afastar as dificuldades, os obstáculos e os impedimentos em meu caminho.

São Judas, permite que eu tenha sempre trabalho para poder sustentar meus filhos sem pedir nada a ninguém."

Reze também um Pai-Nosso e uma Ave-Maria.

Oração para Negócios Difíceis

Essa oração milenar é dedicada a Santa Luzia, que consegue resolver os problemas difíceis e complicados que lhe aparecem.

"Louvado seja Deus, Nosso Senhor Jesus Cristo, porque confiando Nele não ficarei desamparado e terei a graça de ser vencedor neste meu negócio.

Viva Santa Luzia, Sua filha, que sempre foi louvada por todos aqueles que a Ela recorreram e que fará com que eu veja a derrota dos que querem meu fracasso. Amém."

Faça o pedido e prometa 100 velas a Santa Luzia, no primeiro sábado que se seguir à realização de seu desejo.

Capítulo IX

Feitiços e Orações que Curam Doenças

Para curar doenças, há uma grande variedade de recursos.

Em primeiro lugar, os banhos de ervas, como *espada-de-são-jorge, vence-demanda, folhas-de-xangô, santa-bárbara* e *oxum*, são ótimos.

Breves, feitos com raízes bentas (pau-santo, dentes de alho, folhas de arruda, alecrim), costurados no interior da roupa, costumam proporcionar alívio a um grande número de doentes e têm sido usados com sucesso.

Muito benéficas também são outras orações, principalmente as dirigidas a São Francisco de Assis, São Francisco Xavier, Santo Antônio, Sagrado Coração de Jesus, Santa Rita de Cássia, Nossa Senhora da Cabeça e Nossa Senhora das Dores.

Os feitiços e as orações que oferecemos já aliviaram os males de muita gente. Mesmo que você tenha uma doença desconhecida pela medicina, ficará curado em pouco tempo, se utilizá-los com fé.

Oração para Doenças de Rins

A tradição ensina – embora não explique o motivo – que rezar a Jesus, invocando o Calvário, tem efeito milagroso sobre qualquer doença de rins.

Diga a prece às segundas-feiras, ao nascer do sol, e aguarde os efeitos.

"Jesus, que sofreu na Terra pela mão dos homens maus, morrendo no Calvário.

Jesus, que não esquece meus pedidos, que vê que sofro e desejo uma cura que só Dele, que morreu no Calvário, poderá partir.

No mundo terreno nada encontrei para que meus rins ficassem curados, mas em Vosso Mundo Divino deve haver substâncias que me livrem desse mal.

Jesus, socorrei-me, porque só em mencionar Vosso nome e Vossa morte no Calvário já sinto alívio, e sei que por Vosso intermédio me será concedida a cura total."

O Banho de Pipoca

Se sua doença não tem causa terrena, pode ter certeza de que seu mal se deve a algum trabalho feito em terreiro.

Se o *banho de pipoca* não lhe trouxer a cura, vá imediatamente a um terreiro para que trabalhos mais fortes sejam feitos e cortem a *demanda*.

É assim que se faz o *banho de pipoca*.

Faça pipoca de um quilo de milho, no domingo, e guarde até a segunda-feira.

Quando acordar, e ainda em jejum, derrame sobre todo o seu corpo as pipocas, invocando São Lázaro e pedindo que o livre do mal que lhe enviaram.

Depois, peça a alguém de sua família que recolha as pipocas num alguidar e entregue na encruzilhada.

Simpatia para Dor de Cabeça

Corte batatas cruas em rodelas e amarre-as com um lenço branco e virgem – perfumado com um pouco de alfazema – na fronte da pessoa que estiver com dor de cabeça.

Enquanto faz a simpatia, reze baixinho a Jesus:

"Assim como Jesus Cristo, Criador e Redentor, entrou no mundo e saiu; assim esta dor de cabeça entrou e saiu por Seus Divinos Poderes. Amém."

Reza para Males de Estômago

Acenda uma vela e segure-a com a mão direita, enquanto reza, dirigindo-se a Santa Luzia:

"Senhora, curai-me de tanto tempo de sofrimento. Pode ser que assim esteja pagando meus pecados, mas juro que já estou arrependido.

Fazei com que esse mal saia de minhas entranhas, pelo Poder que recebestes do Pai. Amém."

Quando terminar a oração, reze ainda três Pais-Nossos e três Ave-Marias, de joelhos, sempre segurando a vela.

Remédio de Alface

Alface é um excelente remédio para curar tosse, insônias, dores reumáticas e nervosismos.

Faça um chá de suas folhas, mergulhando-as em água fervendo e deixando descansar por meia hora.

Coe em seguida e beba três copos de chá por dia (o chá deve ser feito diariamente), durante uma semana.

Chá de Alho para Expulsar Vermes

Misture quatro gramas de alho pisado com 120 ml de leite quente.

Coe e dê à pessoa – adulto ou criança – que está atacada de vermes. Se a primeira dose não fizer efeito, repita no dia seguinte.

Chá de Arruda para Todos os Fins

O uso da folha de arruda é maravilhoso no tratamento de dores de cabeça e perturbações digestivas.

A arruda é também indicada como abortivo e quando usada (bem verde) atrás da orelha, ou na porta da casa, protege contra o mau-olhado.

Para fazer o chá de arruda, misture um ramo de folha com meio litro de água fervente. Coe e dê ao paciente um copo, durante cinco dias.

Banho de Ervas de Caboclo

Este banho é feito com as seguintes ervas:

cipó-caboclo
guiné
milome
zumbi

nega-mina
cinco-chagas
alecrim-do-campo

Prepare um banho com as ervas – que só deve ser tomado do pescoço para baixo, sem molhar a cabeça – e enquanto joga a infusão na pessoa doente, preste, mentalmente, homenagem a *Oxóssi*.

Defumador que Descarrega os Maus Espíritos

Misture no braseiro as ervas:

alecrim-do-mato
benjoim
incenso

Enquanto defuma o doente, acenda três velas e diga:

"O alecrim leva teu mal para a mata, o benjoim te purifica e o incenso te dá paz, saúde e felicidade. Fica livre do mal."

O que sobrar no braseiro deve ser embrulhado e despachado na mata, junto com uma garrafinha de mel, um charuto e uma caixa de fósforos.

Defumador de Santa Luzia

Santa Luzia é milagrosa na cura de doenças dos olhos. Para fazer o seu defumador é necessário:

erva-de-santa-luzia
benjoim

incenso
rosas brancas

A defumação deve ser feita em cruz, enquanto se pede:

"Santa Luzia, cura meus olhos e me livra do mal a qualquer hora.
Guia minha alma e meu corpo e roga a Deus por mim."

Os restos do defumador devem ser entregues num rio, juntamente com sete rosas brancas.

Oração a Todos os Santos

Se o problema de doença é grave, faça a infalível oração a Todos os Santos, que não desamparam a quem a eles recorre.

"Aos santos curadores São Sebastião, São Roque, São Lázaro e Santa Luzia, peço que me protejam e curem dessa doença (dizer qual é o mal).
Jesus, curai-me, pois sois o Único que sabeis o que é padecer."

Faça essa prece na igreja, depois de ter acendido velas aos santos que invocou.

Exorcismo para Afastar um Mal

Com um ramo de arruda bento, faça o sinal da cruz por todo o corpo da pessoa doente, e diga:

"Espíritos do mal, abandonem este corpo que de nada vos poderá servir.

Se, por acaso, a fonte de seu mal estiver numa *demanda* ou trabalho feito, fazei com que este se volte a quem o mandou."

Rodeie a pessoa com sete velas brancas e, quando terminar a oração, derrame em sua cabeça um pouco de água-benta e mel.

Capítulo X

Use o Sobrenatural e Ganhe Dinheiro

Desde que o dinheiro apareceu no mundo, começou a confusão: todo mundo quer ganhá-lo em grandes quantidades, porque, além de proporcionar conforto, ele também é considerado o símbolo do poder.

Se dinheiro não traz felicidade, pelo menos ajuda a ter uma vida tranqüila, sem muitas preocupações de sobrevivência, e há gente que considera essa tranqüilidade um verdadeiro sinônimo de felicidade.

Os espíritos podem ajudar a quem trabalha, mas não pense que eles enviam o dinheiro diretamente do céu, porque ainda não apareceu *mandinga* alguma que permita enriquecer sem fazer esforço algum.

A Mágica das Sete Moedas Antigas

Consiga sete moedas antigas, peça a um *pai-de-santo* que as cruze e jogue embaixo da cama.

Não mexa nem passe vassoura no local onde ficaram, enquanto não sentir que o dinheiro começa a entrar em seu bolso com relativa facilidade.

Breve para Atrair Dinheiro

O *breve* tem a forma de um saquinho costurado e tem várias finalidades.

Se a sua é ganhar dinheiro, use sempre um breve de uma moeda antiga (se conseguir uma do tempo da escravidão, ótimo!), pendurado ao pescoço, e terá sorte nos negócios.

Oferta ao Mar

Se quer ganhar dinheiro com rapidez, atire diariamente ao mar uma moeda como oferta às *entidades*, durante sete dias.

Mas, se não tem pressa de enriquecer, e prefere ganhar razoavelmente, mas sempre, atire, diariamente, uma moeda (também durante sete dias) na mata ou na pedreira.

Feitiço da Figa

Mande fazer uma figa de azeviche, recomendando ao artesão que a talhe com faca nova e de aço fino.

Quando estiver pronta, leve-a ao mar, suspensa por uma fita de Santa Luzia, e banhe três vezes nas ondas.

Enquanto mergulha a figa, reze o Credo em homenagem à Santa Luzia. Em seguida, você deve se benzer com a mão esquerda, acendendo, posteriormente, uma vela.

Enquanto precisar de dinheiro, não tire a figa do pescoço.

Defumador da Prosperidade

O defumador da prosperidade é simplíssimo, pois é feito de café, açúcar e pão.

Para conseguir bons resultados, defume sua casa com ele toda primeira terça-feira do mês, começando pela frente e terminando nos fundos.

Enquanto defuma, diga:

"Minha casa tem o cheiro do alimento, que Deus e Santo Antônio me darão cada vez mais.
De alimento em alimento, minha casa será rica e não precisarei me esquecer dos pobres."

Ao terminar a defumação, espalhe seus restos no quintal ou nos fundos da casa.

Cachimbo de Preto-Velho

O *cachimbo de preto-velho* não é bem um defumador, mas uma homenagem aos *Pretos-Velhos* de Umbanda. Faça uma saudação aos pretos-velhos.

Encha um cachimbo com a seguinte mistura:

fumo
alecrim-do-campo
alfazema

Na primeira segunda-feira do mês, assim que acordar, fume o cachimbo pela casa toda.

Depois, encoste o cachimbo num canto, abra uma garrafa de cachaça e derrame um pouco na entrada da casa, saudando os *Pretos-Velhos:*

"Meu *Preto-Velho*, que me dê todo o dinheiro do mundo, arrecadado por Ele no fundo dos tesouros."

O Defumador que Traz Ouro

Ouro, incenso e mirra foram os presentes oferecidos a Jesus pelos Reis Magos, e até hoje são os ingredientes de um defumador fabuloso para atrair riquezas.

Se você quer defumar com ele sua casa, coloque ouro, incenso e mirra num braseiro, e, quando terminar o trabalho, espalhe os restos na direção dos quatro cantos da Terra.

Cachaça de Exu

Quem quer enriquecer deve tomar um banho com cachaça e nesse mesmo dia, à meia-noite, levar um charuto e uma caixa de fósforos à encruzilhada e entregar o presente, pedindo:

"Povo das Encruzilhadas, eu vos dou esse presente, para que me deis em troca toda a riqueza do mundo."

Trabalho Africano da Fortuna

Num pequeno fogareiro de barro, queime:

arruda
palha de alho
fumo de rolo
guiné
erva-de-xangô
benjoim
saco-saco

Antes de defumar a casa, acenda três velas, que darão força e apoio à defumação.

Os restos do braseiro devem ser embrulhados em papel branco e virgem e levados no mesmo dia – junto com uma garrafa de cachaça e uma caixa de fósforos – a uma encruzilhada.

Depois de entregar o presente, não esqueça de *saudar o Povo*:

"Agora que estou livre dos males, quero o bem e o dinheiro."

O Enxofre que Traz Dinheiro

Liga-se muito o enxofre à figura do diabo, mas esse defumador é dedicado a *Ogun*.

Bote enxofre, arruda, palha de alho e mostarda num braseiro. Quando a fumaça estiver saindo forte, abra uma garrafa de cerveja e salve *Seu Ogun*, dizendo:

"Saravá, seu Ogun."

Em seguida, ponha o copo de cerveja ao lado de uma vela acesa e peça a *Ogun* que interceda junto ao *Povo das Encruzilhadas* para que seu pedido seja atendido.

À noite, entregue na encruzilhada os restos do braseiro embrulhados num papel branco, uma garrafa de cachaça, farofa amarela, um charuto e uma caixa de fósforos.

Jogue o embrulho por trás das costas e diga:

"Tirem-me o mal e tragam prosperidade, porque é com seu *Ogun* que me pego e ele é poderoso e ajuda."

Oração a Santa Isabel para Livrar da Pobreza

Santa Isabel foi uma rainha que trabalhou muito pelos pobres e é por isso que a oração é dedicada a ela.

Essa prece é muito milagrosa. Você deve rezá-la com muita fé, para conseguir bons resultados.

"Gloriosa Santa Isabel da Hungria, que sempre atendes aqueles que recorrem a Ti.

Tu, que sempre praticaste a caridade, não me abandones nesse momento em que peço Teu auxílio.

Proteja-me, Senhora, de todas as incertezas.

Tenho fé de que, se me abrigar sob teu manto protetor, jamais faltará nada a mim ou à minha família.

Proteja-me, Santa Isabel, eu te peço."

Para complementar, reze um Pai-Nosso e uma Ave-Maria.

Capítulo XI

Consiga tudo o que Deseja pela Umbanda

A Umbanda pode resolver qualquer problema, desde que seus preceitos e recomendações sejam respeitados.

Para fechar o breviário, oferecemos feitiços e rezas variados, abrangendo problemas de toda ordem.

Use-os bem, com toda fé, e boa sorte!

Feitiços do Mar que Devolvem Dinheiro

Se alguém não quer pagar o que lhe deve, e se você tem a sorte de poder conseguir um objeto dessa pessoa, comece logo o feitiço e veja os resultados.

Se conseguiu, leve o objeto à beira-mar e coloque-o sobre uma cruz feita na areia, dizendo:

"Eu vos conjuro, espíritos, que ligueis fulano, do qual trouxe esse objeto, e que em 24 horas me dará todo seu dinheiro."

Ou então especificar a quantia em dinheiro que se quer que a pessoa dê.

Depois, bata três, cinco, nove ou 11 vezes sobre o lugar em que pousou pela primeira vez o objeto.

As Moedas da Encruzilhada

Para conseguir tirar dinheiro de alguém, é preciso arranjar 10 reais que tenham estado em seu bolso e trocá-los por moedas.

Distribua as moedas por sete encruzilhadas e, quando terminar o serviço, diga:

"Eu vos darei farofas, bichos, velas e cachaça, se essa pessoa me der o dinheiro que desejo e mereço."

Para Tirar o Vício da Bebida

Numa segunda-feira, à meia-noite, leve e derrame uma garrafa de cachaça na encruzilhada mais próxima à sua casa.

Dê três passos no centro da encruzilhada e jogue a garrafa para trás, por cima da cabeça, dizendo:

"*Povo das Encruzilhadas*, não permita que fulano beba mais, pois isso só lhe trará malefícios."

Reza às Almas Contra o Vício

Quem quiser se libertar do vício de beber, deve ir, numa segunda-feira, a uma igreja, acender duas velas de cera e prometer às almas que, se conseguir parar de beber, dará a elas metade do dinheiro que gastava com o álcool.

Saudação da Felicidade

Levar à praia uma garrafa de vinho fino, uma de leite e outra de mel e ainda sete rosas brancas – é uma saudação muito apreciada por *Yemanjá*.

Complete a homenagem saudando a *Rainha do Mar* e *Seu Povo:*

"Trouxe leite para levar alegria, mel para levar doçura e rosas brancas para que o negrume saia de minha vida."

Faça a saudação ao meio-dia, que é uma hora muito boa para entregar presentes ao *Povo do Mar.*

Como se Defender do Mal

Há sempre gente ruim querendo prejudicar a vida alheia. Para se defender disso e também de falatórios, há uma série de sortilégios:

1) trazer sempre enxofre dentro do sapato;
2) trazer sempre consigo uma medalha de São Jorge;
3) entregar sua casa à proteção de São Jorge;
4) usar uma *estrela-de-davi;*
5) rezar diariamente uma oração ao anjo da guarda.

Oração para Fechar Corpo

Dedicada a São Jorge, essa oração é maravilhosa para fechar o corpo, não permitindo que nada de mal o atinja.

"Chagas abertas, que todo sangue de meu Senhor Jesus Cristo se derrame no meu corpo, hoje e sempre.

Andarei vestido e armado com as armas de São Jorge, para que meus inimigos tendo pés não me alcancem, tendo mãos não me peguem, tendo olhos não me enxerguem e nenhum pensamento possam ter para meu mal.

Armas de fogo meu corpo não alcançarão, facas e lanças se quebrarão sem a meu corpo chegar, cordas e correntes arrebentarão sem meu corpo amarrar.

Jesus Cristo me proteja e defenda com o poder da sua santa e divina graça.

A Virgem Maria de Nazaré me cubra com o seu sagrado e divino manto, me protegendo em todas as minhas dores e aflições.

Que Deus, com a sua divina misericórdia e grande poder, seja o meu defensor contra as maldades e perseguições dos meus inimigos.

Oh, glorioso São Jorge, em nome da falange do Divino Espírito Santo, estende-me o teu escudo e tuas poderosas armas."

Reza Contra Mau-Olhado

Enquanto reza, você deve benzer-se três vezes, dos pés à cabeça, com um copo de água:

"Deus perturbe e confunda os que querem para si minha alma.

Envergonhados sejam aqueles que me queiram mal.

Aqueles que são bons e que só a Vós desejam, que sejam salvos e engrandecidos.

Mas a mim, que Vos necessito, não me desampareis.

Pela Cruz em que padecestes, os olhos maus se fecharão e as bocas malvadas emudecerão, os maus pensamentos e desejos fugirão.

Com esta cruz me defendo.
Com esta cruz me livro.
Com esta cruz me curo.
Louvado seja Aquele que me tira o mal."

Oração para Curar Doenças Desconhecidas

Em caso de doença grave, desconhecida para a medicina, recorra ao *Precioso Sangue de Jesus*, rezando sua oração:

"Por obra de Deus, este mal desconhecido sairá deste corpo, cairá por terra como caiu o Precioso Sangue de Jesus na hora de sua crucificação."

Enquanto recitar essa breve oração, faça o sinal da cruz sobre o corpo do doente com um crucifixo.

Solicitação ao Anjo Anael

Quem quiser sucesso em qualquer assunto relacionado à arte, deve recorrer ao anjo Anael, prestando-lhe uma homenagem.

Em uma sexta-feira de Lua crescente, às vinte e uma horas, vista uma roupa verde-claro ou esperança, ponha-se no centro de uma estrela de cinco pontas, desenhada no chão, e acenda um pequeno fogareiro para queimar almíscar.

Concentre-se e peça três vezes o que deseja ao anjo Anael, agradecendo em seguida.

Como Acabar com a Falta de Sorte

Diz o povo que quem anda sem sorte está *pesado*. Portanto, para tirar o *peso*, faça o seguinte:

Pese-se numa sexta-feira de manhã, em jejum, contando como dez centavos cada quilo acusado pela balança.

Ao meio-dia, acenda três velas e reze em intenção às almas do Purgatório.

À meia-noite, leve a quantia correspondente a seu peso, com uma garrafa de cachaça, um charuto e uma caixa de fósforos à encruzilhada e ofereça:

"*Povo das Encruzilhadas*, tomai conta de mim, tirai o peso e todo mal que gira em torno de mim, dando-me prosperidade."

Logo depois, jogue o dinheiro correspondente para trás, por cima da cabeça, e vá embora.

Feitiço que Faz o Marido Ser Fiel

Depois de fazer esse feitiço, você nunca mais terá problemas com a fidelidade de seu marido.

Comece arrancando um bocado de pêlo de um cachorro preto e costure-o num saquinho de veludo vermelho.

Abra um pedaço do colchão da cama de casal e enfie o saquinho, sem que ninguém saiba.

Não precisa mais se preocupar, porque as outras mulheres deixarão de existir para seu marido.

Outro Feitiço da Fidelidade

Nesse feitiço entram os seguintes ingredientes:

canela em pó (2 pitadas)
baunilha (5 pitadas)
noz-moscada raspada (10 gramas)
dentes de cravo (1 pitada)

Depois de pronta a mistura, tire os dentes de cravo e ponha no lugar gotas de tintura de cantárida.

Misture tudo a uma xícara de chocolate ou café e dê de beber a seu marido.

Receita para Arranjar Namorado

Compre um metro de fita vermelha, amarre-a no braço e prometa à *Pombagira* que lhe entregará uma saia vermelha rodada, fita, brincos dourados com pedras avermelhadas e um par de meias douradas, se lhe arranjar um namorado.

No dia em que conseguir o que pediu, vá à encruzilhada, entregue tudo o que prometeu e agradeça assim à *Pombagira*:

"Mulher bonita, toda de fita, saia vermelha,
A ti entrego, a ti carrego, o que de bom te agradará.
Pois aqui está tua oferta. Agradeço."

Durante sete dias use sempre alguma peça do vestuário em vermelho.

Este livro foi impresso em março de 2008,
no Armazém das Letras Gráfica e Editora, no Rio de Janeiro.
O papel do miolo é pólen bold 90 g/m^2, e o da capa cartão 250 g/m^2.